Los colores

El morado

Sharon Gordon

New York

La uva es morada.

Cómela.

La flor es morada.

Córtala.

La ciruela es morada.

Muérdela.

La capa es morada.

Póntela.

El globo es morado.

Sujétalo.

La berenjena es morada.

Córtala.

La medusa es morada.

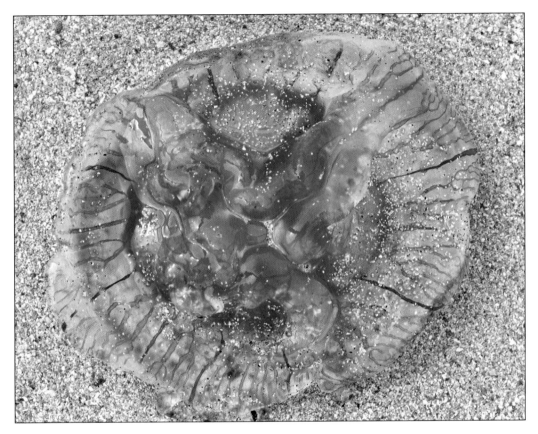

Mírala.

El jugo es morado.

Bébelo.

El cielo es morado.

¡Ten cuidado!

Palabras conocidas

berenjena

capa

cielo

ciruela

flor

globo

jugo

medusa

uva

21

Índice

Las páginas indicadas con números en **negrita** tienen ilustraciones.

Sobre la autora

Sharon Gordon ha escrito muchos libros para niños y ha trabajado como editora. Sharon y su esposo Bruce tienen tres niños, Douglas, Katie y Laura, y también tienen una perrita consentida llamada Samantha. Viven en Midland Park, New Jersey.

With thanks to Nanci Vargus, Ed.D. and
Beth Walker Gambro, reading consultants

Marshall Cavendish Benchmark
99 White Plains Road
Tarrytown, New York 10591-9001
www.marshallcavendish.us

Text copyright © 2008 by Marshall Cavendish Corporation

Library of Congress Cataloging-in-Publication Data

Gordon, Sharon.
[Purple. Spanish]
El morado / por Sharon Gordon.
p. cm. – (Los colores)
Includes index.
ISBN-13: 978-0-7614-2861-9
ISBN-10: 0-7614-1775-3 (English ed.)
1. Purple–Juvenile literature. 2. Color–Juvenile literature.
I. Title. II. Series.
QC495.5.G6818 2008b
535.6–dc22
2007024604

Spanish Translation and Text Composition by
Victory Productions, Inc.

Photo Research by Anne Burns Images

The photographs in this book are used with permission and through the courtesy of:
Jay Mallin: pp. 2, 3, 8, 9, 13, 16, 17, 20 (lower left), 21 (upper left), 21 (lower left). *Corbis*: pp. 4, 5, 20 (upper right)
O'Brien Productions; pp. 6, 21 (upper right) Lois Ellen Frank; p.7 Roy Botterell;
pp. 12, 20 (upper middle) Royalty Free; p. 15 Niall Benvie; p. 19 Michael S. Yamashita.
Index Stock Photos: pp. 10, 20 (upper left) Able Stock; p. 11 Lifestyle Productions. *SuperStock*:
pp. 14, 20 (lower right) Darren De Soi. *Peter Arnold*: pp. 18, 21 (lower right) Gene Rhoden.

Series design by Becky Terhune

Printed in Malaysia
1 3 5 6 4 2